VOYAGE

DE

LEURS MAJESTÉS IMPÉRIALES

EN AUVERGNE

PAR

C.-L. CORMONT

rédacteur en chef du *Moniteur du Puy-de-Dôme*

CLERMONT-FERRAND

IMPRIMERIE DE PAUL HUBLER, LIBRAIRE

—

1862

VOYAGE

DE

LEURS MAJESTÉS IMPÉRIALES

EN AUVERGNE

PAR

C.-L. CORMONT

rédacteur en chef du *Moniteur du Puy-de-Dôme*

CLERMONT-FERRAND
IMPRIMERIE DE PAUL HUBLER, LIBRAIRE

1862

VOYAGE

DE

LEURS MAJESTÉS IMPÉRIALES

EN AUVERGNE

Depuis longtemps, l'Auvergne attendait la visite de ses souverains, et son espérance en se prolongeant n'avait fait qu'augmenter encore l'ardent désir que nous ressentions tous d'offrir à Leurs Majestés Impériales l'expression de notre dévoûment et de notre reconnaissance. L'Empereur et l'Impératrice ont enfin posé le pied sur notre vieux sol, et les populations, accourues de tous les points de notre beau pays, ont pu saluer de leurs chaleureux vivats l'auguste Souverain qui fait la France glorieuse et prospère, la gracieuse Impératrice dont la noble existence n'est qu'une longue suite de bienfaits.

Leurs Majestés Impériales sont arrivées à Riom à deux heures dix minutes. S. Exc. M. Rouher, ministre des travaux publics, de l'agriculture et du commerce; S. Exc. M. le maréchal Castellane, commandant l'armée de Lyon; M. le général de Martimprey, commandant la 20ᵉ division militaire; M. le comte de Preissac, préfet du Puy-de-Dôme, étaient venus recevoir Leurs Majestés à la limite du département. — M. le Sous-Préfet, M. le Maire de Riom et son Conseil municipal attendaient

'Empereur et l'Impératrice à la gare. Après la présentation à l'Empereur des clés de la cité, M. Tallon, maire de Riom, a prononcé le discours suivant :

« Sire,

« L'Auvergne en ce moment éprouve un frémissement de bonheur. L'élu de ses suffrages, le souverain qui fait l'honneur et la gloire de la France a mis le pied sur son sol. Plus heureuse encore, la ville de Riom doit à Votre Majesté la haute faveur de la saluer la première et de lui témoigner ses sentiments d'amour et de reconnaissance. Daignez, Sire, agréer l'expression de ces sentiments de la part de vos sujets les plus fidèles et les plus dévoués.

» Que Votre Majesté, Madame, daigne agréer cet hommage respectueux que je suis fier d'exprimer au nom de la cité dont l'Empereur m'a confié l'administration. Nous avions conçu l'espoir, Madame, de voir à côté de Votre Majesté ce jeune Prince que la Providence a fait naître sur les marches du trône pour le bonheur de la patrie, et qu'en célébrant les joies de ce beau jour, nous pourrions saluer les brillantes destinées de l'avenir ; mais notre cœur, Madame, se reporte avec le vôtre vers cet auguste enfant, et, confondant les vœux que nous adressons au ciel pour lui, avec les sentiments de respect que nous déposons à vos pieds, nous disons aux échos de nos montagnes de répéter avec nous ce cri vraiment français : — Vive l'Empereur ! vive l'Impératrice ! vive le Prince impérial ! »

Sa Majesté a daigné remercier en quelques mots M. le maire de Riom des sentiments exprimés au nom de la ville.

De vigoureux vivats que répète la foule assemblée près de la gare accueillent les paroles de Sa Majesté.

L'Empereur est accompagné de ses aides de camp, le général de division baron de Béville et le général Fleury, premier écuyer, de MM. les capitaines de Clermont-Tonnerre et Jumel, officiers d'ordonnance, de M. le vicomte de Laferrière, chambellan, de M. le baron de Varaigne, préfet du palais, et de M. le baron Bourgoing, écuyer.

S. M. l'Impératrice est accompagnée de Mme de Sancy, de Mme la comtesse de Viry et de M. le marquis de Lagrange, écuyer.

La ville de Riom avait fait de grands préparatifs pour recevoir ses augustes hôtes Deux arcs-de-triomphe, d'un style grandiose et réellement monumental, élevés le premier par la ville, le second par la compagnie des sapeurs-pompiers, ornent le boulevard de la Gare. Une pierre gigantesque, tirée des carrières de Volvic, figure une sorte d'obélisque sur le passage de Leurs Majestés. Le champ de foire a été transformé en un charmant jardin avec jets-d'eau, arbres verts et fleurs brillantes. Une nouvelle construction triomphale décore l'entrée de la rue du Commerce qui offre un aspect réellement remarquable. Au sommet de cette rue, la verte Limagne laisse apercevoir ses plaines plantureuses. Vers les Taules, au croisement des deux voies principales de la ville, se balance une élégante couronne impériale, due aux demoiselles du quartier. Quatre peupliers, au pied desquels quelques personnes symbolisent les saisons, élèvent leurs têtes verdoyantes aux angles du carrefour. Des mâts surmontés d'oriflammes indiquent le parcours du cortége. Toutes les maisons sont pavoisées, toutes les fenêtres occupées. Une population considérable, dans laquelle on remarque les costumes pittoresques des habitants de la Limagne, se presse sur le passage de Leurs Majestés, qu'elles couvrent des plus chaleureuses acclamations. Les sapeurs-pompiers de Riom et des communes environnantes forment la haie avec les nombreuses députations accourues de tous les points de l'arrondissement.

Les voitures impériales sont escortées par un escadron du 1er régiment de hussards, le même qui fit partie de l'expédition de Syrie.

L'hôtel-de-ville avait été décoré avec beaucoup de goût; outre la salle des réceptions, dans laquelle se trouvait le trône, un cabinet spécial était disposé pour l'Empereur et un charmant boudoir pour l'Impératrice. De magnifiques toiles de maîtres, appartenant à la riche galerie de M. le conseiller Bertrand, avaient été placées dans cette partie de l'édifice municipal.

Aussitôt arrivées à la Mairie, Leurs Majestés reçoivent les dames de la ville, les corps constitués et les officiers de la garnison.

M. le premier président de la Cour impériale, en présentant à l'Empereur et à l'Impératrice les membres inamovibles, a prononcé le discours suivant :

« Sire, — Madame,

» La Cour impériale de Riom partage vivement l'allégresse des populations dévouées qui se pressent sur le passage de Vos Majestés. Elle est heureuse de la bonne fortune qui l'amène aujourd'hui aux pieds du trône impérial et qui lui donne l'occasion d'offrir ses respectueux hommages au Souverain à qui la France doit son salut, sa prospérité et sa grandeur, à la Souveraine qui est pour nos familles le type de la bonté gracieuse et des plus touchantes vertus.

» Sire, nous sommes fiers d'être associés, même de loin et dans une sphère restreinte, aux bienfaits que votre gouvernement répand sur le pays. Continuateur de la grande œuvre commencée par l'immortel auteur du Code Napoléon, vous avez donné à la Magistrature la belle mission de faire pénétrer dans toutes les solutions sociales les principes d'équité, de justice égale pour tous qui font l'honneur de la civilisation française. Vous avez voulu que les populations qui vous ont confié leurs destinées aient la conscience qu'elles peuvent trouver à tous les degrés de la hiérarchie judiciaire des appuis sympathiques contre toute injustice, de quelque part qu'elle vienne. Que Votre Majesté nous permette de dire que nous nous sommes inspirés de ses intentions généreuses, et que nos efforts de tous les jours tendent à justifier par la confiance que nous accordent les justiciables celle du Prince qui a daigné nous conférer l'honneur de rendre la justice en son nom.

» Madame, la France, qui sait par expérience tout ce que la tendresse d'une mère peut déposer de germes précieux dans le cœur d'un futur Souverain, se félicite de tout ce que promet à son avenir la tendre sollicitude dont le Prince Impérial est entouré par son auguste Mère. »

L'Empereur a daigné répondre qu'il connaissait depuis longtemps le dévouement de la Cour de Riom. Il a ajouté qu'il était heureux de pouvoir la féliciter de la bonne renommée qu'elle s'est acquise par ses habitudes de travail et par la sagesse de ses décisions.

L'Empereur daigne remettre des décorations de la Légion d'honneur à diverses personnes qui lui sont présentées par M. le Ministre de l'agriculture, du commerce et des travaux publics. Puis vient le défilé des sapeurs-pompiers et des populations, manifestation enthousiaste dont l'Empereur et l'Impératrice se montrent très-touchés.

Leurs Majestés ont bien voulu se rendre ensuite au palais de justice, qui avait aussi reçu une riche et élégante ornementation. Les élèves du Collège de Riom, les médaillés de Sainte-Hélène attendent l'Empereur et l'Impératrice dans la cour du palais. Un compliment, dont les termes sympathiques et délicats touchent vivement l'Impératrice, est adressé à Leurs Majestés par M. Lagrange, fils du premier Président.

Leurs Majestés visitent la sainte Chapelle, contemporaine de celle de Paris et bâtie sur des plans presque semblables. L'élégance de ce monument, sa riche ornementation, captivent l'attention des illustres visiteurs.

Du balcon du palais, leurs Majestés ont joui d'un magnifique spectacle. La Limagne se déroule à leurs yeux; ils peuvent admirer sa riche végétation, distinguer ses nombreux villages, ses importantes cités, et voir se perdre à l'horizon les montagnes imposantes qui forment ses limites.

Pendant leur visite au palais, qui a duré plus d'une demi-heure, Leurs Majestés ont témoigné à plusieurs reprises toute la satisfaction qu'ils éprouvaient de la réception qui leur était faite par la ville de Riom.

Au retour, l'Empereur et l'Impératrice ont été accueillis, comme à l'arrivée, par des vivats enthousiastes. Au moment où le train impérial quitte la gare de Riom, un immense cri parti du cœur d'une population réellement reconnaissante et dévouée salue les augustes hôtes qui viennent de la visiter.

M. Rouher, venu à la gare en compagnie de Mme Rouher, de sa fille aînée et de M. Gustave Rouher, son neveu, auditeur au conseil d'Etat et chef de son cabinet, quelques moments avant l'arrivée du train impérial, a reçu des populations échelonnées sur son passage l'accueil le plus sympathique.

Leurs Majestés, parties de Riom à quatre heures et demie, arrivent vers cinq heures à la gare de Clermont-Ferrand, où les attendent M. le comte de Morny et M. le Maire de notre ville entouré de son conseil municipal. Après avoir présenté à l'Empereur les clés de la cité, notre premier magistrat a prononcé le discours suivant :

« Sire,

» Les habitants de Clermont étaient impatients de présenter à Votre Majesté l'hommage de leur profond respect et de leur entier dévoûment. Ils enviaient le bonheur des autres chefs-lieux de l'empire, qui presque tous avaient été honorés de votre auguste visite.

» Depuis 1566, aucun souverain n'avait franchi l'enceinte de notre ville. Alors le roi Charles IX vint à Clermont, accompagné d'un illustre Auvergnat, du chancelier Michel de l'Hospital.

» Comme lui, Votre Majesté vient au milieu de nous entourée d'hommes d'Etat dont nous sommes fiers d'être les compatriotes, et qui coopèrent dignement aux œuvres gigantesques qui signaleront votre règne à la postérité. Mais c'est le seul rapprochement qu'il soit permis de faire, car ce monarque avait ordonné la Saint-Barthélemy, et vous, Sire, vous avez proclamé à nouveau la liberté des cultes et décrété en tête de la constitution les principes de 1789.

» Sire, daignez recevoir l'assurance des sentiments respectueux du corps municipal ; il présente à Votre Majesté les clés du chef-lieu d'un département qui, permettez-moi de le rappeler, lors du vote du 22 novembre 1852, vous donna 126,041 suffrages sur 126,832 votants.

» Aujourd'hui, Sire, l'affection de notre beau pays est restée la même pour votre dynastie, et cette affection a puisé dans les mesures sagement libérales qui ont signalé ces dernières années de nouveaux éléments de force et de durée.

» Madame,

» Bien que nos concitoyens n'eussent pas eu jusqu'à ce jour le bonheur de recevoir leur gracieuse Impératrice, ils vous connaissaient cependant. Les nombreux bienfaits que Votre Majesté répand jusque dans les plus humbles villages leur avaient appris à vous aimer. Venir en aide à toutes les infortunes est votre préoccupation de tous les jours.

» L'institution récente de la Société du Prince Impérial est là pour nous prouver que vous êtes plus que la souveraine, que vous êtes la mère de tous les Français.

» Auprès de Votre Majesté, le Prince impérial ne peut que prendre des leçons utiles au bonheur de la France; à l'école de l'Empereur, il apprendra à mettre en œuvre tout ce qui peut rehausser l'honneur et la gloire de la patrie. »

L'Empereur a répondu que depuis déjà longtemps il désirait venir visiter un département qui, en toutes circonstances, lui avait donné des marques d'une vive sympathie; qu'il était heureux aujourd'hui de payer sa dette, de pouvoir accomplir un de ses vœux les plus chers; que l'accueil qui lui était fait le touchait profondément; enfin, a-t-il dit en terminant, reprenez, M. le Maire, les clés de votre ville; elles sont en bonnes mains; je suis assuré de votre dévoûment.

La capitale de l'Auvergne préparait à Leurs Majestés Impériales une réception splendide. L'Administration du chemin de fer avait fait transformer la grande salle des bagages en un charmant salon tout de fleurs et de parfums. Une élégante marquise abritait le péristyle de la gare. Des mâts, surmontés de banderoles de couleurs diverses, reliés par des guirlandes de feuilles de chêne, marquaient le parcours du cortége. Près de la barrière Délille un arc de triomphe monumental avait été élevé par les soins de la ville. Plus loin, vers la place d'Espagne, MM. Barbier et Daubrée offrent à Leurs Majestés, sous la forme d'un arc de triomphe, des spécimens de leur importante industrie, c'est-à-dire des machines aussi ingénieuses que puissantes appelées à venir en aide au travail de l'homme ou à le remplacer.

L'arc de triomphe de MM. Barbier et Daubrée symbolisait deux idées, *le travail* et *le libre échange*.

La première était représentée par des enclumes, des marteaux, des trophées d'outils de forge, d'ajustage, de chaudronnerie, de modelage, de fonderie, et par cette inscription, à laquelle l'Empereur a souri comme à une heureuse variante d'une de ses paroles célèbres : « L'empire, c'est le travail. »

La seconde était mise en relief par un ensemble imposant de machines commandées par une riche maison de commerce des Indes anglaises.

Certes, c'était pour l'Empereur, et pour l'honorable M. Rouher, le Cobden de la France, quelque chose de fort intéressant et de fort original que de trouver en construction, au milieu de l'Auvergne, des machines à vapeur, des chaudières, des transmissions de mouvement, des appareils de toute sorte destinés à aller, dans une possession britannique, décortiquer, nettoyer, polir le riz, avant qu'il soit expédié à Londres ou à Liverpool. Si l'on ajoute que les meules elles-mêmes, servant au décortiquage, sont en *pierre de Volvic et en granit de Billom*, l'orgueil libre échangiste et l'orgueil auvergnat y trouveront largement leur compte.

De cette *machinerie* MM. Barbier et Daubrée avaient tiré tout le parti possible, au point de vue de l'ornementation architecturale.

Au milieu d'une avenue de 25 mètres de long se dressaient majestueusement deux générateurs formant piliers. Un pont jeté de l'un à l'autre, à huit mètres de hauteur du sol, portait des pièces de fonte de toute nature, et au point culminant du fronton, soutenue par deux aigles d'une large envergure, s'élevait une petite machine faisant mouvoir des pompes et mise elle-même en mouvement par la vapeur d'une chaudière habilement dissimulée.

Chaque colonne était ornée sur ses quatre faces de drapeaux, de cartouches variés de couleur et de style, et de consoles circulaires où se groupaient, reluisant au soleil, tous les appareils à vapeur et toute la robineterie en bronze de la commande anglaise. Des tuyaux de cuivre, accrochés au plafond, rayonnaient en tout sens comme une brillante panoplie.

En avant de chaque colonne était couchée une puissante machine horizontale de trente chevaux, avec ses grosses pièces de forge aussi polies que l'acier. Plus en avant, mais à un niveau inférieur, de gros arbres de couche, et l'arbre à double manivelle destiné à conjuguer ensemble les deux machines. Tout ce côté, principalement consacré à l'Empereur р´ au travail, sévère de forme et d'aspect, avec de noirs panneaux de fonte relevés çà et là par des inscriptions en lettres dorées.

Au-delà des colonnes, sur la façade consacrée à l'Impératrice par les ouvriers de MM. Barbier et Daubrée, un aspect plus riant : de la lumière, de la couleur, partout des fleurs fraîches cueillies. Mais là encore, quoique cachés sous des guirlandes, et reliés entre eux par de verts festons, une partie des appareils qui doivent donner au riz sa dernière façon. Ces appareils, appelés *polisseuses*, affectent tout à fait la forme de trépieds supportant des vases de fleurs; et, rangés de chaque côté de l'allée, ils terminent gracieusement cette promenade de quelques secondes à travers l'industrie des Indes.

L'arc de triomphe de MM. Barbier et Daubrée était certainement le plus intéressant et le plus remarquable de tous ceux élevés sur le passage de Leurs Majestés. Ces messieurs ont prouvé dans cette circonstance qu'ils joignaient un profond patriotisme à une intelligence d'élite.

La maison Lhéritier frères, qui tient une place honorable dans l'industrie locale, avait aussi voulu donner à Leurs Majestés une marque de son dévoûment. Par ses soins, un monument symbolique représentant un rocher surmonté de la statue de Vercingétorix avait été élevé sur la fontaine dite de la Pucelle. Cette statue avait été exécutée en moins de quatre jours par deux sculpteurs de notre ville, MM. Grangean et Gournier. MM. Lhéritier frères, dans cette circonstance, ont fait preuve d'un zèle digne des plus sincères éloges.

M. Magnin, fabricant de pâtes, avait au devant de son habitation un gigantesque arc de triomphe, sur lequel se trouvaient ces inscriptions :

Magnin, *chevalier de la Légion d'honneur.*

Amour. — Fidélité. — Reconnaissance.

L'agriculture et l'industrie des Pâtes françaises.

A l'Empereur Napoléon III! à Sa Majesté l'Impératrice! à son auguste fils le Prince impérial!

Les boulangers, les marchands de grains et de farines ont aussi leur construction triomphale, composée de sacs de froment encadrés, soutenus et couronnées de gerbes, de fleurs, de mousse et de verdure. On lit ces mots sur l'entablement de l'arc symbolique : **Hommage de la boulangerie de Clermont à Leurs Majestés Impériales. — Par lui la France a retrouvé sa grandeur, sa gloire et sa fierté.**

La rue de l'Ecu a pris une grande part aux démonstrations patriotiques. Un arc de verdure aux ogives gothiques la décore. Cette construction triomphale est due à l'initiative de M. Sabatier, secondé par les habitants de cette partie de notre ville.

Le boulevard de la Préfecture a imité la rue de l'Ecu : un élégant portique élevé par les soins de Mme Morateur en indique la limite.

Une vaste tribune destinée aux médaillés de Sainte-Hélène existe en face de la terrasse de la Préfecture. Les maisons de notre ville ont quitté leurs teintes sévères ; toutes sont pavoisées, des milliers de drapeaux flottent dans l'air, on ne voit que banderoles, oriflammes et devises.

La haie est formée sur le passage de Leurs Majestés par les sapeurs-pompiers de Clermont et des communes environnantes, par les députations des populations accourues de tous les points du département, les élèves du Lycée, des écoles et les troupes de la garnison. Une foule immense se presse sur le passage du cortége impérial, composé de cinq voitures conduites à la Daumont et escortées par un détachement de magnifiques cent-gardes et un escadron du 1er régiment de hussards.

Leurs Majestés Impériales occupent la première voiture avec M. le maréchal Castellane et M. le général baron de Béville. Trois autres voitures sont réservées aux dames et aux officiers de l'Empereur et de l'Impératrice. Dans la cinquième voiture se trouvent Leurs Excellences MM. le comte de Morny, président du Corps législatif, et Rouher, ministre de l'agriculture, du commerce et des travaux publics.

L'Empereur porte l'uniforme de lieutenant-général et le grand cordon de la Légion d'honneur. La toilette de l'Impératrice est ravissante : une robe pensée, un ample manteau de velours noir à capuchon et un chapeau blanc orné d'une passe de la même nuance que la robe, la composent.

De la gare Leurs Majestés Impériales se rendent à la Cathédrale, où monseigneur l'évêque de Clermont vient les recevoir à la tête de son clergé et leur adresse les paroles suivantes :

« Sire, Madame,

» L'évêque de Clermont et, par son organe, le clergé du diocèse prient Vos Majestés de vouloir bien agréer les respectueux sentiments dont ils se font un devoir de vous offrir l'hommage.

» Ce devoir, nous le remplissons avec empressement comme Français et comme ministre de celui qui a dit : *Rendez à César ce qui appartient à César, et à Dieu ce qui appartient à Dieu.*

» Telle est en effet, Sire, la devise qui règle notre conduite sous le rapport religieux ainsi qu'au point de vue social et politique. Et si, dans ces derniers temps, des esprits prévenus contre le clergé ont pu lui supposer d'autres pensées, ils ne seront pas parvenus, nous en avons la confiance, à tromper la haute sagesse de Votre Majesté.

» Sans doute, les grandes épreuves du vicaire de Jésus-Christ au milieu des malheureuses complications de la révolution italienne ne pouvaient laisser indifférents les cœurs catholiques, et nous en avons été douloureusement émus; mais en priant avec un dévouement inaltérable pour le Père commun des fidèles, nous n'avons jamais cessé de prier aussi pour le puissant monarque qui nous gouverne dans l'ordre temporel, et dont les vaillants soldats, par leur présence à Rome, continuent de protéger les droits du Saint-Siége.

» Oui, Sire, nos prières s'élèvent chaque jour vers le Ciel à votre intention, afin que, assisté du secours d'en haut, vous puissiez assurer et le bonheur de la France et la paix de l'Eglise.

» Ces vœux, Sire, ne sont pas inspirés par la religion seulement, mais aussi par la reconnaissance; et, tandis que le nom de Votre Majesté retentit solennellement sous les voûtes de notre antique cathédrale, la mémoire du cœur nous rappelle vos bienfaits en même temps qu'elle nous enhardit à en espérer de nouveaux dans l'intérêt de la mère église du diocèse, restée depuis longtemps inachevée et tout à fait insuffisante pour les besoins du culte, au milieu d'une population nombreuse, et qui s'est toujours distinguée par son excellent esprit.

» Madame,

» Dans l'expression de nos sentiments et de nos vœux, le nom de l'Impératrice est inséparable du nom de l'Empereur. Nous devons ce tribut d'hommages, non-seulement au rang que Votre Majesté occupe sur le trône, comme épouse et comme mère, mais encore aux éminentes vertus, et, en particulier, à l'inépuisable bienfaisance dont vous donnez constamment le touchant exemple. »

L'Empereur a répondu que son premier soin en arrivant dans une ville était de visiter la maison de Dieu; qu'il espérait que les prières de Monseigneur et celles de son clergé attireraient les bénédictions du Ciel sur l'Impératrice, sur le Prince Impérial et sur lui; qu'il était touché des sentiments qui lui étaient exprimés, et en particulier de la manière dont le clergé du diocèse appréciait ce qu'il avait cru devoir faire dans l'intérêt de la religion.

L'Empereur a ajouté qu'il continuerait à l'avenir, qu'il espérait que Monseigneur et son clergé auraient toujours la même confiance en lui.

Après le discours de Mgr l'évêque de Clermont et la réponse de Sa Majesté, Monseigneur a entonné le *Te Deum*, que le chœur et l'orgue poursuivaient alternativement pendant que le clergé remontait processionnellement vers l'autel.

Leurs Majestés prennent ensuite place sous un dais porté par de jeunes ecclésiastiques. A l'entrée du chœur, l'Empereur et l'Impératrice quittent le dais pour se rendre au prie-Dieu qui leur a été préparé sur une estrade élevée de trois marches. Leurs Majestés s'agenouillent, et le chœur chante trois fois le *Domine Salvum*. Monseigneur, après avoir donné la bénédiction du Saint-Sacrement, quitte ses vêtements sacerdotaux pour accompagner Leurs Majestés, qui descendent de leur trône et remercient l'Evêque de son accueil.

L'Empereur et l'Impératrice sont reconduits par Monseigneur et le chapitre jusqu'au portail de l'église. Un nombreux clergé se trouve dans la cathédrale et forme la haie sur le passage. Des cris de vive l'Empereur ! vive l'Impératrice ! font retentir les voûtes du vieil édifice. Le clergé d'Auvergne, par ses chaleureuses acclamations, veut exprimer à ses souverains son dévoûment et sa reconnaissance.

Leurs Majestés ont admiré notre magnifique cathédrale. Ses belles verrières ont attiré particulièrement l'attention de l'Impératrice.

La basilique avait été décorée avec goût ; des oriflammes garnissaient les travées, et une ligne de lumières d'un excellent effet entourait le transept. Des lustres éclairaient le chœur, et chaque chapelle était illuminée. Cette ingénieuse décoration avait été combinée de façon à faire ressortir les belles lignes architecturales du monument.

Leurs Majestés se dirigent vers la préfecture au milieu d'acclamations enthousiastes, des cris mille fois répétés de vive l'Empereur ! vive l'Impératrice. Rien de plus imposant que le spectacle de cette réception ! L'Auvergne n'a qu'une voix pour acclamer le sauveur de la France et sa noble compagne.

La beauté de l'Impératrice fait la plus vive impression, particulièrement sur les femmes du peuple. On entend dire dans tous les groupes : *La dzente fenno* (la jolie femme !), *lio ze trop bravounetto* (elle est trop jolie !). *Quo gracheusô fenno !* (quelle gracieuse femme !) Quelques-unes ajoutaient : *Le petio è dzente coumo sa mèro et brave coumo son pèro* (le petit est joli comme sa mère et brave comme son père).

A l'arrivée de Leurs Majestés à la préfecture, quatre petits enfants nés le même jour que le Prince Impérial leur sont présentés par M. Bouillet, membre de la Commission municipale. Ils offrent à l'Empereur et à l'Impératrice de remarquables échantillons des produits de l'industrie de l'Auvergne : ce sont des fruits, des confitures, des pâtes alimentaires, des pétrifications de Gimeaux et de Saint-Alyre, des couteaux de Thiers, des papiers d'Ambert.

Leurs Majestés, qui accueillent ces enfants avec une exquise bienveillance, daignent témoigner leur satisfaction au membre de la Commission municipale qui les accompagne. Leurs Majestés prient M. le Préfet de leur faire remettre une note concernant la position de leurs petits filleuls.

Les réceptions commencent ensuite. Les dames, gracieux et élégant essaim, viennent d'abord, puis les corps constitués, les principaux fonctionnaires et les officiers de la garnison.

M. le comte de Morny, en présentant à Leurs Majestés les membres du conseil général du Puy-de-Dôme, prononce le discours suivant :

« Sire,

» L'arrivée de Votre Majesté dans le département du Puy-de-Dôme n'est pas seulement la visite d'un souverain aimé et respecté ; l'enthousiasme qui vous accueille prend encore sa source dans d'autres causes. Parmi ces populations laborieuses, vivant paisibles au cœur de la France, le sentiment napoléonien n'est pas une opinion, c'est un culte; la foi politique y revêt presque le caractère de la superstition. Depuis vingt-cinq ans, j'ai été bien souvent le confident de cette adoration légendaire.

» Sous ces collines nombreuses, couvertes de vignes, qui entourent Clermont, le sol est traversé par des souterrains, — immenses chais, — qui, la plupart, datent de l'époque gauloise. Ces voûtes sombres, qui ont peut-être servi à organiser la résistance contre le César romain, ont abrité depuis cinquante ans le fanatisme pour le César moderne. Sous tous les régimes, ces rudes enfants de l'Auvergne s'y réunissaient ; et, comme s'il se fût agi des pratiques d'un culte persécuté, ils fêtaient mystérieusement l'anniversaire de la Saint-Napoléon, sans vouloir admettre que ce héros fût mortel. Aussi, avec quelle ardeur et quelle unanimité le département du Puy-de-Dôme a-t-il porté le nom de Napoléon dans l'urne électorale! Vous pouvez donc juger, Sire, de l'enivrement que ces populations éprouvent aujourd'hui en vous voyant au milieu d'elles, lorsque dans leur cœur se trouvent confondues la religion politique et la reconnaissance pour les services que vous leur avez rendus. Elles vous doivent la gloire qui élève l'âme, et la sécurité qui assure le travail; et enfin, pour n'excepter aucun sentiment populaire, elles saluent avec attendrissement l'Impératrice, qui a fait monter la grâce sur le trône, et qui en fait chaque jour descendre la charité.

» En présence de cette foule compacte, palpitante, charmée, à quelle proportion se réduisent les vaines démonstrations des partis hostiles? Croyez-le bien, Sire, ce fonds de fidélité traditionnelle qui a traversé tant d'épreuves difficiles ne fera jamais défaut à votre dynastie. »

L'Empereur a répondu qu'il était très-touché des sentiments que M. le président du Conseil général venait de lui exprimer; qu'il savait depuis longtemps à quel point il pouvait compter sur le dévoûment des populations de l'Auvergne pour lui et pour sa dynastie. Il aurait voulu pouvoir donner à chacun une marque de sa reconnaissance : il le fera en s'occupant des intérêts de tous, et en donnera un témoignage au Conseil général dans la personne de son président.

L'Empereur a ajouté qu'il voulait que celui qui depuis vingt ans représentait ce pays, que celui qui s'était associé si courageusement au grand acte du 2 décembre, et depuis huit ans présidait le Corps législatif, reçût en cette occasion solennelle un titre nouveau, comme une marque de son estime et de son amitié, et qu'il lui conférait le titre de duc.

S'adressant de nouveau à M. le Maire, l'Empereur a daigné lui témoigner combien il était touché de la réception enthousiaste qui lui était faite.

M. Rouffy, président du tribunal, a ensuite adressé à Leurs Majestés es paroles suivantes :

« Sire,

» Les membres du tribunal civil de Clermont viennent mettre aux pieds de Votre Majesté l'hommage de leur profond respect et de leur inaltérable fidélité.

» Sincèrement dévoués à la personne et à la glorieuse dynastie de Votre Majesté, leurs sentiments se résument en deux mots inséparables dans leurs cœurs et dans leur pensée : Tout pour la France, tout pour l'Empereur.

» Soyez le bienvenu, Sire, dans cette loyale et généreuse terre d'Auvergne. Votre Majesté n'y trouvera que des sujets fidèles, acclamant en l'Empereur le véritable père du peuple, heureux de la prospérité qu'il leur donne, fier de la splendeur qui de son trône rayonne sur le monde.

» Dieu vous a comblé de ses dons, Sire ; que sa main puissante, si visiblement étendue sur Votre Majesté, la protége et la conserve pour le bonheur et pour la gloire de notre chère patrie.

» Madame,

» Daignez nous permettre de joindre dans l'expression de nos respects et de nos vœux le nom de Votre Majesté à celui de l'Empereur.

» Tout ce qui a le culte de la vertu vénère en Votre Majesté la providence des pauvres, l'ange consolateur de toutes les douleurs et de toutes les misères.

» Tout ce qui porte un cœur vraiment français s'incline devant la gracieuse mère de ce jeune prince qu'entourent notre amour et notre sollicitude, et que nos fils serviront un jour avec orgueil comme nous servons aujourd'hui son père. »

L'Empereur a daigné répondre à M. le Président qu'il était reconnaissant de ce qu'il venait de lui dire, qu'il savait qu'il pouvait compter sur la magistrature d'Auvergne.

Leurs Majestés se rendent sur la terrasse du jardin de la Préfecture, afin d'assister au défilé des sapeurs-pompiers et des nombreuses députations; mais l'enthousiasme est si grand, la foule se montre si avide de contempler les traits de nos augustes Souverains, que le défilé est à chaque instant interrompu. Le flot passe cependant. Voici venir les populations si dévouées de Beaumont, d'Aubière, de Royat, etc. A la tête des diverses populations nous voyons figurer des Maires portant encore le costume traditionnel des montagnes de l'Auvergne, et de nombreux ecclésiastiques qui accompagnent leurs paroissiens. Les ateliers de MM. Barbier et Daubrée, Magnin ; les corporations des fabricants de pâtes et de semoule, au nombre de cinq à six cents personnes; la société chorale de Clermont ; les mineurs et les verriers de Brassac; les vermiceliers; les boulangers; les cordonniers, les carrossiers; les jardiniers, figurent dans le défilé. Cent mille poitrines laissent échapper de chaleureux vivats, et Leurs Majestés paraissent vivement touchées de l'amour qu'elles inspirent.

Malgré les fatigues d'un si long voyage, l'Empereur, avec sa bonté habituelle, a voulu voir le défilé de la dernière commune.

Un grand banquet offert par l'Empereur réunissait quelques instants plus tard à la table de Leurs Majestés divers personnages, les officiers et les dames de leurs maisons, ainsi que les principaux fonctionnaires.

L'Empereur avait à sa droite Mme Rouher, à sa gauche Mme la comtesse de Preissac.

L'Impératrice avait à sa droite M. le maréchal de Castellane, à sa gauche M. Rouher. M. le comte de Morny est à côté de Mme Rouher.

Après le dîner, Leurs Majestés sont venues sur la terrasse de la Préfecture pour jouir du coup d'œil des illuminations.

La ville de Clermont offrait un aspect réellement féerique. Toutes les rues étaient brillamment illuminées. De l'appartement du riche au grenier du pauvre de sympathiques lueurs se montraient. La place de Jaude, entourée d'arcades lumineuses, rappelait ces illuminations splendides que nous avions crues jusqu'ici possibles seulement à Paris. L'hôtel de la Préfecture, la Mairie, la Cathédrale, l'hôtel de la Division, le cours Sablon et toutes nos promenades, étaient éblouissants de lumière.

Plusieurs feux de joie sont allumés sur les monts qui entourent notre ville. On en voit trois sur Gergovia, un sur Montrognon, un sur Montaudoux, un sur Châteix, un sur l'Ecorchade, un sur le puy de Dôme, un sur Prudelle, un sur Bonabri, trois sur les Côtes, un sur Chanturgue, un sur le puy d'Auzel, etc. Six mille fagots, vingt chars de bois et huit mille kilogrammes d'huile et de matières résineuses, ont été brûlés sur le puy de Dôme.

Le foyer principal avait une longueur de cinquante-cinq mètres et se trouvait placé au sommet du versant regardant Clermont. Deux autres feux, avec cuves d'huile formant de vastes pignons, étaient placés tout à fait au sommet, à égale distance du grand brasier ; et enfin au-dessous, deux autres cuves d'huile, allumées avec une certaine quantité de bois et de la naphtaline, ont simulé une coulée de lave qui a parcouru un espace d'environ quarante mètres, en serpentant le long du rocher qui se trouve en face de Clermont. Cette petite éruption a eu lieu à dix heures précises, au moment où est partie la dernière bombe qui a éclairé tout le sommet de la montagne.

A une heure du matin, la foule était encore accumulée devant l'hôtel de la Préfecture.

Somme toute, la journée est magnifique, et nous osons espérer que, puisqu'elle doit rester gravée en traits ineffaçables dans nos cœurs, Leurs Majestés daigneront aussi en garder le souvenir.

L'Empereur, chacun le sait aujourd'hui, écrit une histoire de César dont on annonce la prochaine publication. Tout ce qui se rattache à cette histoire, tout ce qui touche le grand capitaine, a des droits à l'attention de Sa Majesté.

Le plateau où fut jadis la cité célèbre qui vit pâlir l'étoile du héros romain, les ruines de l'antique Gergovia, ont été visitées par l'Empereur.

**

La montagne de Gergovia, sur laquelle se trouvait la cité gauloise défendue par nos aïeux, est située au sud de Clermont-Ferrand, à six kilomètres environ de cette ville, entre deux petits cours d'eau, le ruisseau d'Artières et la rivière d'Auzon, qui se jettent dans l'Allier. Son sommet, élevé de 744 mètres, est un vaste plateau, dont les deux grands côtés regardent le nord et le sud; il mesure quinze cents mètres de l'est à l'ouest, et environ six cents du nord au sud. Cette montagne, due comme celles qui l'entourent aux violentes convulsions de la nature dans les premiers âges du monde, est très-escarpée sur presque toutes ses faces, principalement à l'ouest et au nord. Au sud, ses pentes s'adoucissent et forment une sorte d'escalier gigantesque.

En arrivant sur le plateau, couvert en partie par des champs de seigle et de froment, on est frappé du nombre extraordinaire des pierres qui s'y trouvent rassemblées. Ces pierres, disposées en tas par les paysans, ont aussi servi à borner leurs héritages. De larges chemins, pavés de blocs de lave, dans lesquels on a voulu reconnaître les anciennes rues de la ville, traversent le plateau du nord au sud. Les vestiges d'une porte aboutissent à la voie principale.

Quelle était l'importance de la célèbre cité gauloise? Occupait-elle tout le plateau ou seulement un de ses angles? C'est ce que pourraient nous apprendre des fouilles pratiquées sur une vaste échelle. « Rien, dans les auteurs anciens, dit M. Olleris, ne laisse soupçonner quelle fut la population de Gergovia. Mais la tentative qu'avait faite Vercingétorix pour s'en emparer quand il aspirait au pouvoir et qu'il voulait organiser la résistance de la Gaule, le grand prix que César attachait à sa possession, montrent qu'elle devait être importante. »

La partie supérieure de la montagne est jonchée de fragments de tuiles et de poteries, dont on ne peut contester l'origine gallo-romaine. Une grande quantité de médailles presque toutes gauloises ont été trouvées par les cultivateurs qui exploitent ce terrain. En remuant le sol à l'aide d'une canne, nous avons trouvé nous-même deux de ces pièces, dont les empreintes étaient encore parfaitement conservées. Un petit pâtre, notre guide, nous a vendu pour quelques sous une épingle qui servit sans doute autrefois à la coiffure d'une dame gauloise.

En 1755, des fouilles qui n'amenèrent aucun résultat important, furent pratiquées sur Gergovia. Quelques substructions reparurent au jour, et l'on recueillit un grand nombre de médailles, gauloises pour la plupart.

Au mois de juillet 1861, au moment où l'on espérait la visite de

Leurs Majestés Impériales en Auvergne, de nouvelles fouilles ordonnées par M. le comte de Preissac, Préfet du Puy-de-Dôme, eurent lieu sous la direction de M. Auclerc, fonctionnaire aussi modeste qu'érudit, et amenèrent d'intéressantes découvertes. Plusieurs constructions ayant évidemment appartenu à une enceinte, entre autres deux gros murs parallèles, épais de quatre mètres, et reliés par deux autres murs moins épais, ont été trouvés sur le bord sud du plateau, à son point le plus bas.

Une ruine plus importante a été découverte vers le milieu de la partie est de la montagne. L'un de ses murs, celui qui regarde l'ouest, et qui n'a pas été complètement déblayé, n'a pas moins de quarante mètres de longueur; la ruine se divise en un grand nombre de compartiments. C'est principalement sur ce point que les fouilles ont permis de découvrir des débris de toute espèce, des tuiles, des briques, des poteries, des fragments de fer, des monnaies de cuivre, d'argent, des fragments de mosaïques composées de petits cubes blancs et noirs, et formant à l'aide de ciment le sol d'une salle dont le niveau se trouvait à quarante centimètres au-dessous du terrain actuel. — Deux constructions, qui semblent avoir appartenu à des habitations particulières, ont été retrouvées, vers le milieu du plateau, dans la partie du nord. En fouillant le sol sur l'emplacement de l'une d'elles, que l'on suppose avoir été détruite par le feu, on a trouvé, à deux mètres environ au-dessous du terrain actuel, des fragments d'os calcinés, des morceaux de cuivre en partie fondus, quelques monnaies, deux petites fibules en cuivre, des clefs de dimensions diverses, un outil qui rappelle les mèches à percer les métaux, des dents et des os d'animaux, enfin deux défenses, longues d'environ dix centimètres, que l'on croit être celles d'un sanglier.

Les maçonneries de ces ruines se composent généralement de pierres basaltiques reliées par un mortier de chaux et de sable. M. Auclerc, qui a bien voulu nous communiquer les précieux renseignements que nous enregistrons aujourd'hui, les fait remonter à l'époque gallo-romaine, cependant il croit qu'une partie de ces débris, que l'on suppose avoir appartenu à une porte, sont d'une époque plus reculée.

Des ravins aux flancs déchirés, des rocs menaçants et contournés par les feux souterrains, forment les côtés ouest, nord et est de la montagne. Au midi, de vastes éboulements de pierres, restes des anciennes fortifications, couvrent sa partie vulnérable. Rien de plus grandiose, de plus imposant que ces ruines, disséminées sur un espace de plus de deux kilomètres.

Gergovia, comme position militaire, réunissait toutes les qualités désirables. Placé ainsi qu'une gigantesque sentinelle au milieu d'un pays splendide, l'abrupte plateau semblait défier les efforts de ses ennemis. Là, point de surprise à craindre : le regard, plongeant dans toutes les directions, pouvait découvrir une armée et suivre sans peine tous ses mouvements.

Du sommet de Gergovia un panorama immense déroule ses merveilles aux yeux du touriste surpris.

Voici du côté du sud Merdogne, Onnezat, Jussat, la Roche-Blanche, villages aux toits rouges qui rappellent les bourgades italiennes. Plus bas, la vallée de l'Auzon ; puis, sur la pente opposée, le basalte tourmenté de la coulée du Crest et le pittoresque village de ce nom. A gauche, l'Allier, qui se tord au loin comme un serpent. Au fond du tableau, toujours à l'est, un voile de montagnes, derrière lesquelles se cachent la ville d'Ambert et le Forez.

Vers le nord, la colline de Prat, les marécages de Fontmore et le bourg d'Aubière frappent d'abord la vue. Puis Clermont-Ferrand étend ses longs bras aux pieds des volcans éteints qui forment sa ceinture. Plus loin, la ville de Riom, Bourdon, aux cheminées semblables à des minarets, le manoir gothique de Châteaugay et une foule de villages jetés ccomme au hasard dans une plaine verdoyante. A droite, l'ancien Léman d'Auvergne, la plantureuse Limagne, au milieu de laquelle les routes de Paris, de Lyon, et le chemin de fer se déroulent comme d'immenses rubans. A gauche, le Puy-de-Dôme montre sa tête majestueuse au-dessus des monts aux formes bizarres auxquelles il emprunte son nom. Au nord-ouest, Beaumont, Romagnat et le pic de Montrognon, sur lequel se trouvent encore les ruines d'une forteresse inexpugnable ; enfin, sur la ligne extrême d'horizon, le Mont-Dore, dont les sommets couverts de neige se confondent avec les nuages.

Le spectacle est grandiose et pittoresque ; la physionomie mélancolique du paysage porte à la rêverie, et l'on se surprend à évoquer le passé. — L'ancien monde renaît, les volcans laissent échapper de longues coulées de lave ; les scories forment d'épais nuages autour de leurs têtes noircies, et l'on voit briller au loin les immenses incendies allumés par les foudres souterraines. — La Limagne, alors lac immense, réfléchit dans ses ondes les brillantes lueurs volcaniques ; et les oiseaux innombrables qui peuplent ses bords prennent la fuite en jetant de longs cris d'épouvante. — Mais la nature s'apaise, les volcans s'éteignent ; ils ne sont plus, selon l'expression de Ch. Nodier, que les cadavres d'un monde incendié ; la terre végétale apparaît, le lac se dessèche, et de vastes et féconds domaines remplacent les pentes stériles d'autrefois.

Les cris de guerre, le cliquetis des armes ont succédé aux vagissements du monde primitif. — Nos aïeux défendent notre vieux sol contre l'invasion romaine ; mais ils doivent subir le joug de César ! — Les siècles s'écoulent, le moyen âge apparaît, et de nombreux châteaux s'élèvent sur les sommets de nos volcans éteints. — Le temps marche toujours ; les témoins de la féodalité s'écroulent, et l'Auvergne devient cette riche et belle contrée d'aujourd'hui, où l'on trouve, a dit avec raison le charmant écrivain que nous avons déjà cité, « des émotions pour toutes les pensées et des tableaux pour tous les pinceaux. »

Sa Majesté, accompagnée de MM. de Morny et Rouher, des généraux de Béville et de Martimprey, de M. le baron de Bourgoing et de M. de Clermont-Tonnerre, a quitté l'hôtel de la préfecture vers neuf heures du matin. Déjà une foule nombreuse couvre les voies que Sa Majesté doit parcourir, et les populations des villages qui se trouvent sur sa route se portent à sa rencontre. Beaumont a dressé un arc de triomphe. On voit figurer dans son ornementation des futailles et divers instruments aratoires. M. le maire de Beaumont n'a pas préparé une de ces longues harangues semées d'images plus ou moins heureuses ; quelques mots énergiques lui suffisent pour exprimer à Sa Majesté les sentiments de la population qu'il représente.

« Sire, dit ce magistrat, nous ne pouvons vous offrir les clés de notre ville, nous n'en avons pas ; nous ne pouvons vous offrir les clés de notre cœur, vous les possédez depuis longtemps ; il ne nous reste que les clés de nos caves, et nous vous prions de les accepter. »

En terminant ces mots, M. le maire de Beaumont présente à Sa Majesté une tasse pleine de vin, et l'Empereur daigne boire à la santé des habitants de la commune, qui le couvrent des plus chaleureuses acclamations.

M. Faye, maire de Beaumont, qui depuis plus de vingt-cinq ans fait partie de l'édilité de sa commune, offre à Sa Majesté, au nom de ses administrés, la tasse en argent dans laquelle il a bien voulu goûter le vin du pays. Sa Majesté daigne accepter le présent qui lui est offert par les habitants dévoués de la commune.

L'Empereur, qui trouve le vin de Beaumont excellent, emporte dans sa voiture une bouteille du nectar auvergnat.

Romagnat a aussi son arc de triomphe, sa harangue et ses enthousiastes vivats. Puis, vers Gergovia, voici le collège de Billom et sa musique, la population chaleureuse d'Aubière, et plus loin celle de Merdogne, dont le curé, M. l'abbé Olivier, adresse à l'Empereur un discours réellement remarquable, que nous regrettons de ne pouvoir reproduire. Un arc de triomphe a été élevé par la commune de la Roche-Blanche, et son premier magistrat adresse quelques paroles à l'Empereur. Plus de vingt mille personnes bordent l'étroit chemin préparé pour Sa Majesté; partout retentissent les cris mille fois répétés de vive l'Empereur! vive l'Impératrice! Un soleil splendide éclaire cette scène émouvante, à laquelle la plus sincère affection, le patriotisme le plus pur servent d'élément. Mais l'Empereur, après avoir changé de voiture, gravit la pente escarpée du plateau, et tous les spectateurs de la plaine, comme autrefois les légions de César, se précipitent sur l'abrupte montée. Le spectacle est grandiose et réveille de glorieux souvenirs.

Arrivé sur le plateau où l'attendaient M. Aucler, agent voyer en chef du département, M. Boudet, substitut de M. le procureur impérial de Gannat, et M. Mathieu, ancien professeur, qui se sont particulièrement occupés de la question de Gergovia, et ont été appelés près de Sa Majesté, l'Empereur leur demande quelques renseignements sur la topographie de l'ancienne ville, ainsi que sur les sources où elle puisait l'eau nécessaire à son alimentation. M. Stoffel, officier d'ordonnance de Sa Majesté, chargé d'une étude spéciale des lieux, accompagne l'Empereur et lui fournit d'utiles indications.

Sa Majesté, toujours suivie d'une foule nombreuse qui lui barre souvent le passage, traverse le plateau par un chemin connu sous le nom de voie principale, et dont chaque extrémité aboutit à une porte de l'ancienne ville. L'Empereur s'arrête et détermine sur des cartes les différents points où se trouvaient, selon lui, le grand et le petit camp, ainsi que l'endroit où la fausse attaque eut lieu.

Mais l'Empereur s'est assis sur un des talus formés par les pierres de l'ancienne ville, et un déjeûner, auquel prennent part non-seulement MM. de Morny, Rouher et les officiers de sa suite, mais encore plusieurs autres personnes, est servi en quelque instants. L'Empereur paraît parfaitement disposé et fait preuve d'un excellent appétit. Plusieurs maires des communes environnantes prennent part au repas impérial.

L'Empereur, qui porte un intérêt tout particulier au reboisement des montagnes, daigne adresser quelques questions sur ce sujet à M. C.-L. Cormont, rédacteur en chef du *Moniteur du Puy-de-Dôme*, qui se trouve heureux de pouvoir renseigner Sa Majesté. L'Empereur apprend avec satisfaction que plus de 4,000 hectares de terres incultes ont été reboisés dans notre département.

Sa Majesté descend la pente de Gergovia et se dirige vers la Roche-Blanche. Une femme portant un enfant s'approche : « Monsieur l'Empereur, dit-elle, mon petit est de l'âge du vôtre. » Sa Majesté caresse les joues de l'enfant et lui met quelques pièces d'or dans la main. Un fait à peu près semblable se reproduit quelques pas plus loin.

L'Empereur, qui a monté un instant le cheval de son écuyer, atteint la tour de la Roche-Blanche, où des rafraîchissements lui sont offerts ainsi qu'aux personnes qui l'accompagnent.

Sa Majesté, après avoir jeté un dernier regard sur le magnifique panorama qui se déroule à ses pieds, remonte en voiture et rentre à Clermont par la route d'Issoire, après une absence de plus de cinq heures.

La réception faite à l'Empereur à Gergovia a été réellement splendide, et les habitants d'Aubière y ont pris une part toute particulière. Le fils du maire de cette commune, M. Daumas, a débité un discours en vers à Sa Majesté, discours dû à un professeur du lycée de Clermont.

Sur le plateau de Gergovia, chacun se précipitait pour voir Sa Majesté. « Merci, mes amis, disait l'Empereur; vous me faites grand plaisir; mais laissez-moi voir. » Une vieille femme, que l'on engageait à se retirer, s'écriait qu'il lui restait peu de jours à vivre, et qu'elle ne pouvait se résoudre à mourir sans avoir vu Napoléon.

La foule criait : Vive l'Empereur! vive madame l'Impératrice! vive M. de Morny!

Dans cette excursion Sa Majesté a pu se convaincre du grand et sincère amour que lui portent les populations de l'Auvergne. Au milieu de cette foule avide de sa présence, l'Empereur était bien le souverain populaire dont l'illustre nom est synonyme de grandeur, de générosité, de bienveillance et de justice.

Pendant que l'Empereur visitait Gergovia, Sa Majesté l'Impératrice se rendait à l'hospice général, où tous les enfants des salles d'asile et des crèches avait été rassemblés. Sa Majesté, reçue à la porte de l'établissement par M. le Recteur de l'Académie et les Administrateurs des hôpitaux, trouvait à l'entrée d'une salle Mme Rouher, Mme la comtesse de Preissac, l'Inspecteur d'académie, la Déléguée spéciale des salles d'asile et la Présidente du comité de patronage. Les dames du comité sont placées autour du trône préparé pour Sa Majesté.

Mlle Morisson, déléguée, adresse à l'Impératrice les paroles suivantes :

« Madame,

« La plus douce parole de l'Evangile, celle qui va le mieux et le plus droit au cœur d'une mère, est cette gracieuse invitation de l'Homme-Dieu aux femmes de la Judée : « Laissez venir à moi vos petits enfants. »

» A l'exemple du divin Sauveur, Madame, Votre Majesté a compris et goûté le charme de l'enfance; comme lui, elle aime à s'entourer des pauvres enfants de son peuple; elle leur ouvre des asiles, elle les réunit sous la garde dévouée de cœurs affectueux, elle les visite, elle leur sourit, elle se montre partout leur patronne et leur mère. Et ces enfants, heureux et fiers de ces tendres sympathies, apprennent à aimer leur aimable souveraine, à bénir son nom, à prier pour ce fils dont ils sont les petits frères. Ces prières de l'innocence, Madame, qui montent chaque jour, si unanimes, jusqu'au trône de Notre-Dame-de-France, redescendent chaque jour aussi, nous le croyons, en bénignes influences sur Votre Majesté, sur l'Empereur, sur le Prince Impérial.

» Madame,

» Votre présence nous comble de joie. Voyez, tous les fronts rayonnent, toutes les lèvres frémissent et voudraient vous dire ce que je sais si mal exprimer.

» Daigne Votre Majesté, suppléer à mon insuffisance, interpréter ces sentiments et croire à leur sincère et profonde vivacité. »

Sa Majesté fait exprimer aux dames patronnesses sa gratitude pour les soins charitables dont elles entourent les enfants rassemblés sous ses yeux. Elle daigne ensuite, avec une sollicitude touchante, demander des détails sur les petits élèves, sur leur nombre, leur santé et l'emploi de leur temps dans les salles d'asile.

Mme la déléguée présente ensuite à Sa Majesté les différentes supérieures des communautés religieuses et les directrices des salles d'asile de Clermont, et l'Impératrice adresse des paroles bienveillantes à chacune d'elles.

Après avoir visité la crèche et la magnifique chapelle de l'établissement, Sa Majesté remonte en voiture aux cris mille fois répétés de vive l'Impératrice! et se rend à l'Hôtel-Dieu.

Devant la maison charitable un portique monumental a été établi. C'est encore au patriotisme des habitants du quartier qu'on le doit.

MM. les administrateurs, les médecins et les sœurs de Saint-Vincent-de-Paul attendent Sa Majesté, qui visite successivement deux salles de malades civils et une salle destinée aux militaires.

L'Impératrice, avec cette exquise bonté qui la distingue, s'arrête à chaque lit et trouve une parole de consolation et d'espérance pour chacun des malades. L'ange de la charité fait oublier toutes les souffrances.

Le docteur Auclerc, qui accompagne l'Impératrice dans la salle des malades militaires, doit lui donner des renseignements sur chacun d'eux.

Sa Majesté, qui laisse partout des marques de munificence, accorde des faveurs de tout genre, et provoque avec une bienveillance au-dessus de tout éloge les demandes qui peuvent lui être faites.

Un soldat dangereusement malade attire surtout l'attention de Sa Majesté. Le militaire ne peut exprimer sa reconnaissance que par des larmes. « N'est-ce pas, docteur, dit l'Impératrice en s'adressant au médecin qui l'accompagne, vous ne le laisserez pas mourir? » Cette scène touchante met des pleurs dans tous les yeux; Sa Majesté elle-même est vivement émue, la commisération la plus profonde se lit sur son noble visage.

Dans la salle des malades civils, un malheureux souffre plus que les autres. Interrogé sur son état, M. le docteur Tixier répond qu'il est grave, mais que néanmoins il espère le sauver. « Oui, ajoute le malade, il m'a déjà sauvé deux fois, et saura bien me sauver une troisième. » L'Impératrice, se tournant alors vers le docteur Tixier, lui adresse ces mots significatifs : « C'est là, monsieur, un bel éloge. »

Dans la salle Saint-Vincent, M. le docteur Tixier conduit Sa Majesté auprès d'un jeune enfant abandonné par sa mère, et dont l'épaule est paralysée ; Elle daigne toucher de ses nobles mains la partie malade, elle caresse les joues de l'enfant, et donne des ordres pour qu'un sort plus heureux lui soit assuré après sa guérison.

Plus loin, est un jeune père de famille qu'une maladie de la moëlle épinière retient sur le lit de douleur. Les eaux de Bourbon-l'Archambault lui ont été conseillées; mais l'argent manque pour faire le voyage ; il a de plus une nombreuse famille à soutenir : « Mon ami, lui dit l'Impératrice avec un air de reproche, pourquoi ne pas vous être adressé plus tôt à moi? Ne suis-je pas la mère de ceux qui souffrent? » Elle s'enquiert de sa famille; elle lui parle de ses enfants. Le malade ne peut répondre que par des larmes de joie et de reconnaissance.

Cette scène avait ému tous les assistants, et bien des yeux laissaient échapper des pleurs. Ce rapprochement de la misère, de la souffrance, du malheur, avec tout ce qu'il y a de plus élevé dans l'échelle sociale, avec tout ce qu'il y a de plus noble et de plus gracieux, aurait remué les cœurs les moins sensibles. « Général Fleury, dit-elle, approchez, et prenez le nom de ce jeune homme; et vous, mon ami, vous irez à Bourbon-l'Archambault, vous y guérirez, et vous retrouverez bientôt vos enfants. »

Plus loin, dans une salle de chirurgie appartenant au service de M. le docteur Fleury, une pauvre femme était couchée. L'Impératrice s'approche, demande quel est son mal. On lui répond que cette malheureuse est atteinte d'un cancer au genou qui nécessitera dans peu de jours l'amputation de la cuisse. « Mon Dieu ! que dites-vous ? s'écrie-t-elle ; pauvre femme ; mais vous supporterez l'opération avec courage, et elle guérira, n'est-ce pas, monsieur ? » Et pendant longtemps elle reste auprès de ce lit, d'où se dégagent des émanations fétides qui feraient reculer le praticien le plus aguerri. Rien ne la rebute, elle ne manifeste aucun dégoût, elle ne se tourne même pas ; le sourire est encore sur ses lèvres, de bonnes et encourageantes paroles sortent toujours de sa bouche.

Une jeune fille, par sa beauté, son air de souffrance attire son attention : « Elle est phthisique, lui dit-on. — Oh ! messieurs, messieurs, cherchez, cherchez bien, et tâchez de guérir cette cruelle maladie. »

Sa Majesté adresse la parole à toutes les personnes qui l'entourent. M. Fredet, interne à l'Hôtel-Dieu, a l'honneur d'être interpellé plusieurs fois.

L'Impératrice va se retirer, lorsqu'elle apprend qu'une dame, autrefois heureuse et riche, a dû demander asile à la charité publique. Une souffrance reste à consoler, et Sa Majesté doit accomplir jusqu'au bout sa noble mission. L'Impératrice monte deux étages et se rend dans la chambre de l'infortunée, qui reçoit à son tour des consolations de toute nature.

La charité de l'illustre souveraine est inépuisable.

Sa Majesté l'Impératrice quitte l'Hôtel-Dieu au milieu des bénédictions de ceux qui l'entourent, et la foule assemblée sur son passage acclame l'ange de bonté que la Providence inspire.

L'Empereur, au retour de Gergovia, reçoit une nombreuse députation conduite par MM. de Parrieu et Creuzet, députés, composée de délégués des départements du Cantal, de la Corrèze, du Lot et de la Dordogne, qui, réunis aux délégués du Puy-de-Dôme, venaient présenter une adresse relative à l'exécution du chemin de fer de Bordeaux à Clermont par la vallée de la Dordogne.

L'adresse, lue par M. Narjot de Toucy, a été écoutée avec une attention particulière par Sa Majesté, qui a voulu suivre sur les cartes les diverses directions proposées pour ce chemin de fer. Son Excellence M. le ministre de l'agriculture, du commerce et des travaux publics a porté dans l'examen de la question l'autorité de sa haute expérience avec la plus loyale impartialité.

Les paroles pleines de bienveillance et les assurances que l'Empereur a bien voulu donner à ces représentants de cinq départements, ont porté au comble leur reconnaissance.

Une députation de la ville de Tulle est reçue par Sa Majesté. Une autre députation, qui vient appeler la sollicitude de l'Empereur sur le dessèchement des marais de la Limagne, est présentée par M. Meinadier.

Vers six heures du soir, Leurs Majestés se rendent à Royat ; un arc de triomphe gigantesque est placé à l'entrée de la rue Blatin. Chamalières a aussi son portique, Montjoli est parfaitement décoré, les moulins, les usines qui bordent la route sont ornés de drapeaux et de guirlandes. L'empressement est immense sur le passage de Leurs Majestés. Les coteaux environnants retentissent des cris de vive l'Empereur ! vive l'Impératrice !

Arrivées à Saint-Mart, Leurs Majestés goûtent l'eau de la source thermale et visitent l'établissement.

Le Maire et le Conseil municipal de Royat, avec une partie des habitants de la commune, attendaient l'arrivée de nos augustes hôtes à une certaine distance en avant du village, au pied d'un arc de triomphe. Ils étaient là depuis une heure et demie environ, lorsque M. le secrétaire général de la préfecture eut l'obligeance de venir les prévenir en toute hâte que Leurs Majestés, à cause de leur grande fatigue, s'arrêteraient aux Thermes. A cette nouvelle, les représentants de la commune descendent, drapeau et tambour en tête, à l'établissement thermal, se placent sur le seuil, malgré l'encombrement de la foule, et quand Leurs Majestés en sortent, le Maire a l'honneur de leur adresser quelques mots ; Sa Majesté l'Empereur daigne lui exprimer ses regrets de ne pouvoir visiter le village, qu'elle sait si bien pavoisé. Sa Majesté l'Impératrice ajoute avec cette grâce qui la distingue : « Monsieur le Maire, à une autre fois. »

La journée devait se terminer par un grand bal à l'hôtel-de-ville.

Ce bal offert à Leurs Majestés a été des plus brillants. Dès six heures du soir, les portes de l'hôtel-de-ville sont encombrées. Toutes les rues qui conduisent de la préfecture au palais municipal contiennent une foule immense. A dix heures et demie, des vivats étourdissants annoncent l'arrivée des voitures impériales, escortées par un détachement de cent-gardes. M. le maire de Clermont, accompagné des membres du conseil municipal, reçoit Leurs Majestés au bas de l'escalier. MM. les commissaires du bal forment la haie dans le salon qui conduit au cabinet de l'Empereur.

Avant de pénétrer dans les salles du bal, Leurs Majestés se sont présentées au balcon du boudoir préparé pour l'Impératrice. Cette éclatante vision qui se produisait ainsi sur le point culminant d'une place encombrée par la foule la plus enthousiaste, et qu'une vive lumière éclairait, a produit une sensation enivrante.

La place de la Poterne, subitement embrasée par des feux de Bengale, donnait à toute la scène un aspect féerique.

Leurs Majestés, après quelques instants passés dans les appartements qui leur ont été préparés, se rendent à la salle du trône en traversant le grand salon. Les vivats éclatent de toutes parts, chacun admire la beauté de l'Impératrice.

La toilette de Sa Majesté est de la plus grande simplicité : elle porte une robe de gaze blanche ornée de bouquets bleus vers le bas de la jupe. Des gerbes de diamants sont placées dans les cheveux de Sa Majesté.

Leurs Majestés montent sur l'estrade du trône; plusieurs dignitaires de l'Etat, parmi lesquels nous remarquons M. Rouher, ministre du commerce, de l'agriculture et des travaux publics, et M. le duc de Morny, président du Corps législatif, M. le maréchal Castellane, M. de Parrieu, vice-président du conseil d'Etat, les entourent.

Le quadrille impérial, qui ouvre le bal, est ainsi composé :

L'Empereur et Mme Mège, femme du maire de Clermont.
L'Impératrice et M. le maire de Clermont.
M. le général Martimprey et Mme la baronne de Sancy.
M. le Préfet du Puy-de-Dôme et Mme la baronne de Viry.
M. le général de Béville et Mme la comtesse de Preissac.
M. le général de Chabron et Mlle Rouher.
M. Rouffy, président du tribunal civil, et Mme Blanche Boyer.
M. Gustave Rouher, auditeur au conseil d'Etat, et Mme Félicie Boyer.
M. Fabre, adjoint, et Mme Christophle.
M. Massis, adjoint, et Mme Rouffy.

Tous les regards se portent sur Leurs Majestés. La grâce exquise de la souveraine fait l'admiration de toutes les personnes qui se pressent dans la salle.

Après le quadrille, Sa Majesté l'Impératrice a daigné entretenir quelques instants M. Sallandrouze de la Mornaix, jeune officier de marine arrivé la veille du Mexique.

L'Empereur a présenté pendant le bal à l'Impératrice M. le marquis Hippolyte d'Espinchal, ancien officier d'ordonnance de Napoléon Ier.

M. le marquis d'Espinchal, aimable et noble vieillard plus qu'octogénaire, a demandé comme faveur spéciale à l'Impératrice de vouloir bien permettre de lui baiser la main; ce que Sa Majesté a gracieusement accordé.

L'Empereur et l'Impératrice se sont retirés à onze heures et demie, après avoir témoigné à plusieurs reprises leur satisfaction.

La foule qui les attendait, aussi nombreuse qu'à l'arrivée, les a salués des plus chaleureux vivats.

Les vastes salles de la mairie suffisaient à peine pour contenir le monde élégant et animé qui s'y pressait. Ce n'étaient partout que fraîches toilettes, parures scintillantes et brillants uniformes.

Après le départ de Leurs Majestés, les danses se sont prolongées jusqu'à quatre heures du matin.

Strauss dirigeait l'orchestre avec la verve et l'entrain qui le distinguent. En artiste de goût, il a saisi cette occasion pour nous faire connaître plusieurs valses et quadrilles d'un éminent homme d'Etat, dont les rares loisirs sont consacrés aux arts, et qui signe ses compositions du pseudonyme de Saint-Remy.

L'hôtel-de-ville de Clermont-Ferrand, un des plus beaux et des plus vastes de France, convenait parfaitement à la fête offerte à Leurs Majestés. Ses escaliers grandioses, séparés par une sorte de cascade qui répandait son onde pure sur des scories habilement disposées, offraient un accès facile. L'escalier de gauche, réservé à Leurs Majestés et aux personnes de leur suite, conduisait au cabinet de l'Empereur et au boudoir de l'Impératrice; celui de droite appartenait aux autres invités.

La cour de l'hôtel, dans laquelle un plancher avait été établi à la hauteur du premier étage, formait une vaste salle de bal tenant d'un côté au magnifique péristyle connu sous le nom de salle des Pas-Perdus, de l'autre à une galerie qui sépare le grand salon de la cour d'honneur. A droite, un long couloir reliait toutes les salles entre elles. De chaque côté du péristyle, deux vastes buffets avaient été disposés.

La grande salle, de style moresque, rappelait par ses élégantes arcades, ses arabesques aux vives couleurs, les palais des rois de Grenade. Sous les feux des milliers de bougies qui l'éclairaient sa riche ornementation offrait l'aspect le plus brillant et le plus original.

Le trône faisait face à l'orchestre.

Le grand salon où se donnent ordinairement les fêtes de bienfaisance, avait aussi reçu une ornementation nouvelle. Des tentures vert clair, parsemées de feuillage, sur lesquelles un treillage doré se trouvait placé, formaient une décoration aussi simple que de bon goût.

Les escaliers, comme les autres parties de l'édifice municipal, avaient été l'objet de soins intelligents. Des guirlandes de pin couraient sur les rampes; enfin des fleurs brillantes se trouvaient partout à profusion.

L'édifice municipal avait été complètement transformé.

La décoration des deux salles de bal ainsi que celle de la gare avait été entreprise par l'ancienne maison Godillot, de Paris, aujourd'hui Delessert et Cie.

Leurs Majestés ont quitté Clermont le 10 juillet, vers onze heures du matin, au milieu d'un enthousiasme indescriptible. Plusieurs arcs de triomphe ornent le parcours du cortége impérial, escorté comme à l'arrivée par les cent-gardes et un escadron de hussards. Des mâts de navire garnis de leurs cordages s'élèvent en façon d'arc triomphal à l'entrée du boulevard du Séminaire. La caserne d'infanterie à transformé avec infiniment de goût sa principale porte. Les sapeurs-pompiers, les élèves du Lycée et les troupes de la garnison forment la haie. Monseigneur l'Evêque de Clermont, le Maire et les Membres du Conseil municipal, attendent leurs Majestés à la gare.

En nous quittant leurs Majestés ont daigné exprimer à diverses reprises leur satisfaction :

« Je vous remercie encore, à dit l'Empereur à M. le Maire, de l'accueil que j'ai reçu dans votre ville ; je suis très-touché des marques de sympathie qui n'ont cessé de m'entourer ainsi que l'Impératrice. Je connaissais depuis longtemps le dévouement du Puy-de-Dôme, mais je suis heureux de voir qu'après dix ans ses sentiments sont encore aussi vifs. C'est la plus belle récompense que le Ciel puisse me donner pour les constants efforts que je fais pour le bonheur et la prospérité de la France. »

Leurs Majestés ont remercié une dernière fois M. le Préfet du Puy-de-Dôme, ainsi que Mme la comtesse de Preissac, de toutes les attentions dont ils n'avaient cessé un seul instant de les entourer pendant leur séjour à Clermont.

L'Empereur a annoncé à M. le Préfet du Puy-de-Dôme qu'il mettait à sa disposition une somme de trente-deux mille francs pour être distribuée en secours divers, dans les villes de Riom et Clermont-Ferrand.

Au moment où le train impérial allait se mettre en marche, Sa Majesté l'Empereur, s'adressant à Monseigneur l'évêque, à M. le Maire de Clermont, au Conseil municipal et aux personnes qui se pressaient sur le quai, leur dit :

« Adieu, Messieurs, je reviendrai vous voir quand j'aurai fait terminer votre cathédrale. »

Lorsque le train impérial a quitté la gare, une immense acclamation à salué les illustres Souverains, avec lesquels l'Auvergne venait de renouveler un pacte éternel de fidélité et de reconnaissance.

Un magnifique bracelet a été offert comme souvenir par Sa Majesté l'Impératrice à Madame la comtesse de Preissac.

Les appartements de la Préfecture destinés à Leurs Majestés sont décorés avec un goût et une magnificence réellement remarquables. Le cabinet de toilette de l'Impératrice est en percade rose glacée, recouverte de mousseline blanche unie, avec ruches, portières et draperies semblables. Une jardinière en bois de rose, garnie de fleurs rares, en occupe le milieu.

La chambre à coucher de Sa Majesté est en damas vert tendre, avec bordures et embrasures Solferino. Le lit, réellement splendide, est en écaille, garni d'incrustations et de figurines en bronze doré. Un prie-Dieu, surmonté d'un portrait du Prince Impérial, occupe un des angles de la chambre. La descente du lit est en tapisserie à l'aiguille. La garniture de cheminée est de style Louis XV.

Un triptyque, représentant les stations du chemin de croix et la résurrection de Jésus-Christ, peinture sur cuivre imitant l'émail, est placé au-dessus du prie-Dieu qui se trouve dans la chambre de Sa Majesté l'Impératrice. Cette œuvre remarquable est due à un artiste clermontois, M. Robert.

Les appartements de l'Empereur, décorés dans un style plus sévère, ne sont pas moins dignes d'attention. L'hôtel de la préfecture, grâce aux soins de M. le Préfet et de Mme la comtesse de Preissac, était digne des augustes hôtes qui devaient l'habiter.

La magnifique carte géologique de M. Lecoq, avait été placée dans la chambre de l'Empereur à la préfecture. Cette œuvre remarquable a été l'objet de l'attention spéciale de Sa Majesté, qui a daigné en accepter un exemplaire.

La décoration et l'appropriation intérieure de l'hôtel-de-ville n'avaient pas seules préoccupé l'Administration et la Commission municipale. L'installation des gens de la maison de Leurs Majestés avait aussi été l'objet de leur sollicitude.

Des dispositions habiles avaient été prises pour le logement des chevaux et des voitures. Le vaste local appartenant à M. Monestier, place de la Chapelle-de-Jaude, avait été véritablement transformé. Dans le voisinage, les grands ateliers de M. Torrent étaient devenus des dortoirs, où les gens d'équipage se trouvaient parfaitement logés.

Cette installation difficile avait été faite sous la direction d'un membre de la commission municipale, M. Bouillet, et d'un officier supérieur de notre garnison, M. le commandant d'Ecquevilly, qui, dans cette circonstance, ont fait preuve du plus louable empressement.

Un magnifique buste de Vercingétorix, placé dans le cabinet de l'Empereur, à la Mairie, a été l'objet de l'attention de Sa Majesté. Cette œuvre remarquable, due au ciseau de M. Chalopnax, notre concitoyen, se recommande par les qualités les plus sérieuses. Les lignes sont larges, correctes, le type élégant et énergique à la fois. C'est bien là le jeune héros qui vainquit César. En voyant cette production artistique d'un enfant de l'Auvergne, l'Empereur a pu se convaincre que notre beau pays était digne à tous égards de son attention et de sa sympathie.

M. Charles Magner, fils de l'un des organistes de la cathédrale, professeur de chant aux écoles de la ville de Paris et organiste du grand orgue de Saint-Jacques-du-Haut-Pas, a exécuté une marche triomphale de sa composition sur l'air national de la reine Hortense, qui a été offerte à Leurs Majestés pendant leur présence dans notre basilique.

Notre belle compagnie de sapeurs-pompiers figurait avec avantage parmi les députations qui ont eu l'honneur de défiler devant Leurs Majestés. La tenue de nos concitoyens, rehaussée par un casque nouveau modèle, était irréprochable. Toutes les mesures inspirées par une sage prévoyance avaient été prises par M. le capitaine Morin. Des pompes étaient placées à la préfecture et à la Mairie.

L'Empereur a visité la curieuse exposition forestière établie dans les jardins de la préfecture par les soins de M. de Roquefeuille, qui a eu l'honneur de s'entretenir quelques instants avec Sa Majesté.

Quelques confiseurs de Clermont ont prié Sa Majesté l'Impératrice de vouloir bien accepter pour le Prince impérial, une magnifique boîte renfermant des pâtes et fruits confits du pays. Cette boîte en noyer, décoré de l'écusson de France, et sur laquelle se trouvait l'inscription suivante : *Les confiseurs de Clermont au Prince impérial*, a été offerte à Sa Majesté par M. le maire de Clermont.

Une boîte renfermant des pâtes alimentaires a aussi été offerte à Leurs Majestés par les fabricants de notre ville.

Un feu d'artifice très réussi a été tiré sur le champ de manœuvre, à neuf heures et demie du soir, le 9 juillet. La pièce principale représentant l'église Saint-Eutrope, établie sur les dessins de M. Imbert, architecte de la ville, a produit un excellent effet. Une retraite aux flambeaux, à laquelle ont pris part les deux musiques, les trompettes, les clairons et les tambours de notre garnison, a eu lieu sous la direction de M. Ziegler, l'habile chef de musique du 1er régiment de hussards, pendant le séjour de Leurs Majestés à Clermont. M. Godard, le célèbre aéronaute, a fait une ascension très-remarquable. Son ballon, auquel plusieurs personnes se trouvaient suspendues, est allé de la place Saint-Hérem descendre sur le territoire de la commune de Beaumont.

Les appartements de Leurs Majestés, décorés avec un goût exquis, avaient été entrepris par MM. Arnaud et Bauër. Les meubles du cabinet de l'Empereur et du boudoir de l'Impératrice, à la Mairie, appartenaient à M. Phelut. Les fleurs fraîches et brillantes répandues à profusion dans le palais municipal, avaient été fournies par les jardiniers de notre ville. De magnifiques glaces, ornées de cadres du meilleur goût, sortaient des ateliers de M. Henri David. Une mention spéciale revient au sieur Guillot, qui, sous la direction de M. Speiser, a exécuté la charmante cascade qui décorait l'entrée de l'Hôtel-de-Ville.

M. Vieillard jeune, chargé de la partie solide du buffet, avait fourni d'excellentes choses. De magnifiques pièces montées décoraient les crédences. M. Baptiste, partie liquide, servait de très-bons rafraîchissements.

Plusieurs quartiers de la ville en dehors de l'itinéraire de l'Empereur avaient aussi leurs fraîches décorations de tentures, de feuillage, de mousse et de fleurs. Nous citerons la rue de la Boucherie, le carrefour de la rue Neuve et de la rue des Gras, enfin la charmante fontaine de la rue Pascal, transformée avec un goût exquis pour cette circonstance.

Nous regrettons de ne pouvoir citer ici les noms de toutes les personnes qui ont pris une part spéciale à la splendide manifestation dont nous esquissons le tableau ; mais le temps nous manque pour cela : nous ne pouvons que leur adresser de sincères félicitations.

Leurs Majestés, en traversant la haie formée par MM. les commissaires du bal, ont daigné leur adresser de chaleureux compliments sur la beauté de la fête qui leur était offerte. MM. les commissaires avaient, comme tous les membres du Conseil municipal, apporté dans l'accomplissement de leurs fonctions autant de zèle que de courtoisie.

La tâche aussi laborieuse qu'honorable entreprise par notre Municipalité, nous sommes heureux de le dire à notre tour, a été accomplie avec un zèle au-dessus de tout éloge. L'Empereur, en nommant notre premier magistrat chevalier de la Légion d'honneur, en lui exprimant à maintes reprises, ainsi qu'à MM. les adjoints, toute sa satisfaction, a rendu justice à de sympathiques efforts, dont chacun parmi nous apprécie la haute valeur.

Une ère nouvelle, toute d'initiative et d'intelligence, vient de s'ouvrir pour la ville de Clermont. Leurs Majestés, qui emportent de notre cité le meilleur souvenir, suivront non-seulement avec intérêt tout ce qui s'y fera pour sa gloire et sa prospérité, mais concourront elles-mêmes à lui assurer les avantages que nous espérons tous.

Liste des personnes auxquelles Sa Majesté a remis des décorations de la Légion d'honneur pendant son séjour en Auvergne.

RIOM.

Commandeur. — M. Lagrange, premier président de la Cour impériale.

Officier. — M. Salneuve, procureur général.

Chevaliers.

MM. Ancelot, premier avocat général;
    du Crozet, conseiller à la cour;
    Ducher, médecin;
    Parry, capitaine des pompiers;
    Reneufve, sous-préfet.

CLERMONT.

Commandeur. — Le marquis Hippolyte d'Espinchal.

Officiers.

Mgr Féron, évêque de Clermont;
MM. Guyot, ingénieur en chef des ponts et chaussées;
    Lecoq, auteur de la *Carte géologique*;
    Martha-Becker, comte de Mons, vice-président du Conseil général;
    du Souich, ingénieur en chef des mines.

Chevaliers.

MM. Andrieu, maire de Maringues, secrétaire du Conseil général;
    Assézat de Bouteyre, procureur impérial;
    Aucler, agent voyer en chef;
    Barrière, directeur de l'enregistrement et des domaines;
    Calamy, premier adjoint au maire d'Issoire;
    Christophle, député du département;

MM. Dupuy-Imberdis, membre du Conseil général;
Dessaigne (l'abbé), directeur des sourds-muets de Chaumont;
Grimardias (l'abbé), curé de la cathédrale;
Imberdis-Journet, maire d'Ambert;
Lodin, sous-préfet de Thiers;
Mège, maire de Clermont;
Meynier, directeur des mines de Brassac;
Monestier, ingénieur des ponts et chaussées;
Montader, bâtonnier de l'ordre des avocats;
Narjot, membre du Conseil général;
Noël, percepteur à Clermont;
Renault, maire de Chamalières;
de Roquefeuille, inspecteur des forêts;
Rouffy, président du tribunal civil;
Sabattier, fabricant de coutellerie à Thiers;
Tixier, médecin de l'Hôtel-Dieu de Clermont;
Tournaire, ingénieur des mines.

Liste des décorations accordées dans l'armée par Sa Majesté l'Empereur pendant son voyage en Auvergne:

Grand officier de la Légion d'honneur. — M. de Martimprey, général de division, commandant la 20ᵉ division militaire.

Officiers.

MM. de Montarby, lieutenant-colonel du 1ᵉʳ de hussards;
Perault, lieutenant-colonel du 27ᵉ de ligne.

Chevaliers.

MM. d'Ambert, capitaine au 27ᵉ de ligne;
Belleville, capitaine au 27ᵉ de ligne;
Caumont, capitaine au 1ᵉʳ de hussards;
Renaud, capitaine au 27ᵉ de ligne;
Saulnier, capitaine au 1ᵉʳ de hussards.

Administration.

M. Feuillade, officier d'administration de l'intendance.

Génie.

M. Maillet, garde du génie.

Gendarmerie.

M. Gilbert, maréchal des logis.

Liste de MM. les commissaires du bal offert par la ville, le 9 juillet 1862, à Leurs Majestés Impériales.

Président : M. BONNAY.

Vice-présidents : MM. DE BONFILS; MOUSSY, Michel; SALESSE, Alexandre.

Première section.

MM. Astaix. — Bénézy. — de Bessac. — Coste, Joseph, avocat. — Cassant. — Drelon, Louis. — Dessat-Lafarge. — d'Aalbiat. — Dupré, capitaine au 1er de hussards. — Huguet. — de Jabrun fils. — Monange, Etienne. — Mège, Francisque. — Pestel. — Pinon. — de La Ronde. — Verchère, lieutenant au 27e de ligne.

Deuxième section.

MM. Aymard, avocat. — Boucaumont, docteur médecin. — C.-L. Cormont, rédacteur en chef du *Moniteur du Puy-de-Dôme.* — Compagnon. — Dourif, docteur médecin. — De La Foulhouze, Amable. — Gaultier, sous-lieutenant au 1er de hussards. — Gonod fils. — Guyot, avocat. — Jarrier fils. — Labourier fils. — Lasteyras, Charles. — Ledru, docteur médecin. — Peghoux, auditeur à la cour des comptes. — Roux, Auguste. — Renoux fils. — De Tarrieux. — Valdeire, capitaine au 27e de ligne.

Troisième section.

MM. Auclerc, docteur médecin. — Bardoux, avocat. — Cavy fils. — Coste, René. — Costes, sous-lieutenant au 27e de ligne. — Dupuy-Grasbaum. — Delmont, lieutenant au 1er de hussards. — Daubrée fils. — De Féligonde. — Fleury, Louis. — Faure neveu. — Gagnon, docteur médecin. — Leyrit. — Mage, fils. — Pestel, Armand. — Ribeyre, négociant. — Viallefond, Ernest, — Vimont fils.

Clermont-Ferrand, imprimerie typographique de Paul Hubler.

www.ingramcontent.com/pod-product-compliance
Lightning Source LLC
Chambersburg PA
CBHW060711050426
42451CB00010B/1391